Hans-Hermann Hertle / Gabriele Schnell

Gedenkstätte Lindenstraße

Vom Haus des Terrors zum Potsdamer Haus der Demokratie

ORTE DER GESCHICHTE
CH. LINKS VERLAG

Die Reihe »Orte der Geschichte« wird herausgegeben von Martin Kaule.

Die Deutsche Nationalbibliothek verzeichnet diese Publikation in der Deutschen Nationalbibliografie; detaillierte bibliografische Daten sind im Internet über www.dnb.de abrufbar.

1. Auflage, Juli 2014
© Christoph Links Verlag GmbH
Schönhauser Allee 36, 10435 Berlin, Tel.: (030) 44 02 32-0
www.christoph-links-verlag.de; mail@christoph-links-verlag.de
Umschlaggestaltung vorn unter Verwendung eines Fotos
vom Innenhof der heutigen Gedenkstätte (Martin Kaule);
hinten: Besuchergruppe während einer Führung
(Hans-Hermann Hertle)
Satz: Ch. Links Verlag, Berlin
Druck und Bindung: Freiburger Graphische Betriebe, Freiburg

ISBN 978-3-86153-803-5

Inhaltsverzeichnis

Einleitung

Die Potsdamer Gedenkstätte Lindenstraße steht wie kaum ein anderer Gedenk- und Lernort für die Geschichte politischer Verfolgung und Gewalt in den unterschiedlichen Diktaturen des 20. Jahrhunderts in Deutschland – aber auch für den Sieg der Demokratie in der friedlichen Revolution 1989/90.

- 1734 bis 1737 als Wohnhaus mitten im Potsdamer Stadtzentrum errichtet, erlebte das barocke Palais in den ersten 200 Jahren eine wechselvolle Geschichte – vom preußischen Kommandantenhaus zum französischen Pferdelazarett, vom Sitz des ersten Potsdamer Stadtparlaments bis hin zum Gerichtsgebäude und Gefängnis.
- Während der nationalsozialistischen Diktatur wurde das Amts- und Landgericht im Zuge der Radikalisierung der NS-Rechtsprechung zu einem integralen Bestandteil des Repressionsapparates. Von 1933 bis 1945 waren hier Verfolgte des Nazi-Regimes inhaftiert, darunter während des Zweiten Weltkrieges mehr als 800 Zwangsarbeiter aus mindestens 23 Nationen und zahlreiche Mitglieder von Widerstandsgruppen, die während der letzten Kriegsjahre vom Volksgerichtshof in Potsdam verurteilt wurden, viele von ihnen zum Tod.
Von 1934 bis 1944 wurde das Gerichtsgebäude vom Potsdamer Erbgesundheitsgericht genutzt, das auf der Grundlage des »Gesetzes zur Verhütung erbkranken Nachwuchses« für mehr als 3300 Frauen und Männer die Zwangssterilisation anordnete.

- Im Sommer 1945 beschlagnahmte der sowjetische Geheimdienst den Gerichts- und Gefängniskomplex und nutzte ihn bis 1952 als zentrales geheimdienstliches Untersuchungsgefängnis für das Land Brandenburg. Mit Hinweis auf die von den Alliierten beschlossenen Maßnahmen zur Entnazifizierung setzte die sowjetische Besatzungsmacht mit der Verfolgung wirklicher oder vermeintlicher Gegner den kommunistischen Herrschaftsanspruch in der Sowjetischen Besatzungszone (SBZ) durch. Mehrere Tausend Frauen und Männer wurden unter grausamen Bedingungen monatelang inhaftiert und verhört und auf der Basis von erpressten Geständnissen an diesem Ort von Sowjetischen Militärtribunalen zu langjährigen Haftstrafen oder zum Tod verurteilt.
- 1952 wurde das Gefängnis an das DDR-Ministerium für Staatssicherheit übergeben, das hier seine Untersuchungshaftanstalt für den Bezirk Potsdam betrieb. In dem vom Volksmund »Lindenhotel« genannten Gefängnis waren bis 1989 annähernd 7000 Menschen den menschenrechtswidrigen Haftbedingungen und Verhörmethoden der Stasi ausgesetzt.
- Als die Massendemonstrationen im Herbst 1989 die Machtstrukturen in der DDR erschütterten, gab die Stasi das »Lindenhotel« auf. Anfang 1990 übernahmen die demokratischen Parteien und Bewegungen aus der Stadt und dem Bezirk Potsdam das einstige Gerichtsgebäude als ihr Arbeitsdomizil – aus einem »Haus des Terrors« wurde ein »Haus der Demokratie«. Das demokratische Engagement, das sich unter anderem in der Lindenstraße entfaltete, trug wesentlich zur Abwahl der SED bei der ersten freien Volkskammerwahl am 18. März 1990 bei und ebnete den Weg für die Einheit Deutschlands.

Vom Großen Holländischen Haus zum Amtsgericht und Gefängnis

1734–1933

Von 1734 bis 1737 ließ König Friedrich Wilhelm I., der »Soldatenkönig«, das Gebäude in holländischem Stil mit rohen Ziegeln als Wohnhaus errichten. Jedes Stockwerk enthielt einen Saal, vier Stuben, drei Kammern und ein Entree. Das Seitengebäude mit Küche, Kellern und Bedienstetenstuben war mit dem Vorderhaus verbunden. Die Hofbebauung umfasste Futterkammern, vier Wagenremisen und zwei Pferdeställe für 15 Pferde.

Vom Stadtschloss abgesehen war das »Große Holländische Haus« zu dieser Zeit das prächtigste Gebäude in Potsdam. Mit einer Kabinettsorder verfügte der König am 5. November 1738 die Schenkung des Hauses an die Potsdamer Kämmerei. Die Vermietung an kommandierende Militärs sollte die Stadtkasse auffüllen. Im 18. Jahrhundert verzeichnete das »Kommandantenhaus« zahlreiche Bewohner. Von 1778 bis 1787 lebte hier der engagierte Reformpolitiker und Förderer der Stadt General Friedrich Wilhelm von Rohdich.

Am 24. Oktober 1806 – nach der Niederlage der preußischen Armee in der Schlacht bei Jena und Auerstedt – besetzten französische Truppen unter Kaiser Napoleon die Stadt. Im »Kommandantenhaus« betrieb die französische Armee bis zu ihrem Abzug im Herbst 1808 ein Pferdelazarett.

Am 20. März 1809 trat in diesem Haus die erste Potsdamer Stadtverordnetenversammlung zusammen. Ihre Wahl hatte sieben Tage zuvor auf der Grundlage der preußischen »Städte-

ordnung« vom November 1808 stattgefunden. Die »Städteordnung« gewährte ein standesunabhängiges »Bürgerrecht« für Männer und unverheiratete Frauen, das jedoch an ein hohes Einkommen gebunden war. Mit dem »Bürgerrecht« ging das Stimmrecht zur Wahl von Stadtverordneten einher.

Das erste Potsdamer Kommunalparlament bestand aus 60 männlichen Stadtverordneten. Sie bestimmten den Buchhändler und Verleger Carl Christian Horvath zu ihrem Vorsteher.

Bis 1817 war das »Große Holländische Haus« Sitz der Stadtverordnetenversammlung, dann zog das Stadtparlament in das Rathaus am Alten Markt.

Über die weitere Nutzung des Anwesens hielt der erste gewählte Oberbürgermeister Jacob Heinrich Brunner am 20. Januar 1817 fest: »Wir haben … das unserer Kämmerei gehörige große Holländische Haus in der Lindenstraße dem hiesigen Stadt-Gericht zum Dienstlocale angewiesen, da das Rathaus nicht Raum genug für das Stadt-Gericht und den Magistrat enthält.«

Zwischen 1817 und 1820 wurden das Vorderhaus zum Gerichtsgebäude und die Stallungen auf dem Hof zum Gefängnis umgebaut. Die Kosten von nahezu 14 000 Talern musste der König übernehmen, die Stadt war dafür zu arm. Über dem Portal wurde deshalb der Schriftzug »Königshuld und Bürgersinn dem Stadtgerichte. 1820« angebracht.

1820 hielten Stadtgericht und Stadtgefängnis Einzug. 1843 überließ die Stadt das Gerichtsgebäude und das Nachbarhaus Nr. 55, das seit 1811 als Schule diente, gänzlich dem Justizfiskus.

1847/48 arbeitete Max Dortu als Auscultator (Gerichtsreferendar) am Stadtgericht. Der junge Potsdamer zählte zu den herausragenden Akteuren der Revolution von 1848/49. Als Kommandeur der badisch-pfälzischen Revolutionsarmee geriet er im Juli 1849 bei Freiburg i. Br. in preußische Gefangenschaft. Er wurde zum Tode verurteilt und standrechtlich erschossen.

Mit der preußischen Justizreform 1849 ging das Stadtgericht in das Kreisgericht über. Der Potsdamer Gerichtsbezirk umfasste nun neben dem Stadtgebiet 54 Dörfer, 15 Kolonien und Vorwerke. Gerichtsgebäude und Gefängnis in der Lindenstraße wurden umgebaut und vergrößert. Von 1853 bis 1856 arbeitete der Schriftsteller Theodor Storm als Assessor (Beisitzer) am Potsdamer Kreisgericht. Zu seinen bekanntesten Werken zählen »Der kleine Häwelmann«, »Immensee«, »Pole Poppenspäler« und »Der Schimmelreiter«.

Nach der Gründung des Deutschen Reichs wurden durch die Reichsjustizverfassung 1879 neue Justizinstanzen eingeführt. Das Anwesen in der Lindenstraße wandelte sich zum Sitz des Potsdamer Amtsgerichts und vorübergehend auch des Landgerichts.

In den Jahren 1907 bis 1910 erfuhr das Amtsgericht weitere bauliche Veränderungen. Die Fassade wurde restauriert und mit einem Balkon versehen.

1910 folgte nach dem Abriss der bisherigen Gefängnisanlage die Fertigstellung eines neuen Landgerichtsgefängnisses im Gründerzeit-Stil preußischer Gefängnisbauten. Neben einem Beamtenwohnhaus bestand es aus einem großen Männer- und einem kleinen Frauentrakt. Der Gefängnisbereich umfasste damals 64 Einzelzellen und sechs Viermannzellen sowie Keller- und Wirtschaftsräume, Duschzellen und eine Kapelle im Obergeschoss.

Skizze des Gerichtsgefängnisses hinter dem Amtsgericht, um 1910

In den Jahren der Weimarer Republik beherbergte das Gerichtsgebäude die Strafkammer des Amtsgerichts. 1930 nahm auch ein Arbeitsgericht seinen Sitz in der Lindenstraße.

Mit der Machtübernahme der Nationalsozialisten 1933 begann in der Lindenstraße 54/55 die Geschichte politischer Justiz und politischer Opfer, die erst mit der friedlichen Revolution 1989/90 ihr Ende fand.

Erbgesundheitsgericht – NS-Justiz – Gefängnis für Verfolgte des NS-Regimes*

1933 – 1945

1933 begann die Instrumentalisierung der Justiz durch das nationalsozialistische Regime. Auch die Lindenstraße 54/55 wurde zu einem Ort rassistischer und politischer Verfolgung.

1934 wurde im Vorderhaus des Gebäudes das Potsdamer Erbgesundheitsgericht untergebracht. Es war eines von nahezu 200 Erbgesundheitsgerichten im Reich. Sie entschieden über die Zwangssterilisation von vermeintlich »erbkranken« Frauen, Männern und Jugendlichen. Zwischen 1934 und 1944 ordnete das Erbgesundheitsgericht Potsdam mindestens 3300 Zwangssterilisationen an.

Spätestens seit Ende der 1930er Jahre konzentrierte sich die Potsdamer Justiz auf die Verfolgung von politischen Straftaten und Verstößen gegen die NS-Rassengesetzgebung. Immer mehr Andersdenkende, Oppositionelle, Juden und Zwangsarbeiter wurden im Gerichtsgefängnis Lindenstraße inhaftiert.

In den letzten Kriegsjahren diente das Gerichtsgefängnis zudem als Haftort für Angeklagte vor dem Volksgerichtshof. Dieser wurde ab 1943 teilweise und seit Anfang 1945 gänzlich aus Berlin nach Potsdam verlagert und tagte im Gebäude des Land- und Amtsgerichtes in der nahe gelegenen Kaiser-Wilhelm-Str. 8 (heute: Hegelallee). Verschiedene Senate des Volksgerichtshofs verurteilten in Potsdam mindestens 55 Menschen zum Tode.

---

* Mitarbeit an diesem Kapitel: Annemone Christians sowie Petra Fuchs und Silvija Kavcic.

Am »Tag von Potsdam« inszenierte die NS-Propaganda am 21. März 1933 den Schulterschluss zwischen brauner Bewegung und preußischer Elite. Menschenmassen vor der Potsdamer Garnisonkirche (oben); Reichskanzler Adolf Hitler verneigt sich vor Reichspräsident Paul von Hindenburg.

Außenansicht des Erbgesundheitsgerichts, um 1937

Das Potsdamer Erbgesundheitsgericht

Am 10. März 1934 tagte das Erbgesundheitsgericht Potsdam zum ersten Mal. Grundlage der Tätigkeit aller Erbgesundheitsgerichte war das von der nationalsozialistischen Regierung erlassene »Gesetz zur Verhütung erbkranken Nachwuchses«, das am 1. Januar 1934 in Kraft trat. Es definierte acht Erbkrankheiten: angeborenen Schwachsinn, Schizophrenie, zirkuläres (manisch-

Martha L.

geboren am 31. Dezember 1912 in Breslau

Martha L. wuchs bei ihrer Mutter in Berlin auf. Als diese 1932 starb, übernahm das Fürsorgeamt die Vormundschaft. Die 19-Jährige sei

»in der geistigen Entwicklung zurückgeblieben«. Martha L. kam zu Pflegefamilien und in ein Waisenhaus. Der Amtsarzt bescheinigte ihr guten Willen, geringe Leistungsfähigkeit und den Hang zur Depression. 1933 wies er sie in die Landesheilanstalt Potsdam ein. Wegen »Schwachsinns mittleren oder leichten Grades« beantragte der Anstaltsleiter ihre Sterilisation. Am 20. Dezember 1934 beschloss das Potsdamer Erbgesundheitsgericht die Zwangssterilisation.

depressives) Irrsein, erbliche Fallsucht (Epilepsie), erblichen Veitstanz (Huntingtonsche Chorea), erbliche Blindheit, erbliche Taubheit und schwere erbliche körperliche Missbildung. Auch »schwerer Alkoholismus« konnte als Grund für eine Unfruchtbarmachung gelten.

Richtern und Ärzten räumte das Gesetz einen großen Ermessensspielraum ein. Mit Diagnosen wie »angeborenem Schwachsinn« oder »schwerem Alkoholismus« konnten sie Sterilisationen von Menschen veranlassen, deren Sozialverhalten oder Leistungsfähigkeit nicht der NS-Ideologie entsprach.

Mit der Arbeitsaufnahme des Gerichts gingen in großer Zahl Sterilisationsanträge ein – vor allem aus den psychiatrischen Landesanstalten Potsdam und Brandenburg-Görden. Der Vorsitzende des Erbgesundheitsgerichts, Walter Heynatz, berichtete über das Jahr 1934: »Es fanden 25 Sitzungen statt, in denen durchschnittlich 30 Sachen anstanden. Etwa 2/3 aller Sachen betrafen Insassen von Landesanstalten und waren auf Grund der Anstaltsbeobachtungen [...] so gut vorbereitet, dass sich weitere Ermittlungen regelmäßig erübrigten.«

Die Entscheidungen fielen »nach Aktenlage« in wenigen Minuten. Nur selten entschied das Potsdamer Erbgesundheitsgericht zugunsten der vermeintlich »Erbkranken«. In über 80 Prozent der insgesamt etwa 4120 Verfahren ordnete es die Zwangssterilisation an. Die Diagnose lautete in den meisten Fällen »angeborener Schwachsinn«.

Für einige als »erbkrank« verfolgte Menschen in »Heil- und Pflegeanstalten« bedeutete die Zwangssterilisation nicht das Ende der Verfolgung. Sie fielen dem systematischen Krankenmord an Anstaltspatienten, der NS-»Euthanasie«, zum Opfer.

Politische Justiz und Verfolgung durch das Amts- und Landgericht Potsdam

Für die Verfahren am Potsdamer Amts- und Landgericht bedeutete die Machtübernahme der Nationalsozialisten zunächst keinen radikalen Einschnitt. Bis Mitte der 1930er Jahre überwogen Kriminalitätsdelikte ohne ideologischen Hintergrund. Allmählich und verstärkt seit Ende der 1930er Jahre hielten rassistische und antisemitische Straftatbestände Einzug in die Verhandlungspraxis – unter Vorspiegelung rechtsstaatlicher Grundsätze. So verfolgte das Amtsgericht Potsdam jüdische Frauen und Männer wegen »Vergehens gegen die Kennzeichnungspflicht«, die das NS-Regime 1938 vorschrieb. Als »Rassenschande« wurden Beziehungen zwischen Juden und »Ariern« geahndet.

Nach Kriegsbeginn waren es vor allem ausländische Zwangsarbeiter, die im Gerichtsgefängnis inhaftiert und vor Gericht gestellt wurden. Die Deliktvorwürfe gegen sie lauteten vor allem auf »Arbeitsverweigerung«, »Arbeitsvertragsbruch«, »Lebensmitteldiebstahl« oder »Schwarzhandel«. Insbesondere osteuropäische Zwangsarbeiter waren einem verschärften Sonderrecht unterworfen und wurden für vermeintliches Fehlverhalten hoch bestraft. Gesetzliche Grundlagen bildeten die »Verordnung zur Ergänzung der Strafvorschriften zum Schutz der Wehrkraft« vom 25. November 1939 sowie die sogenannten Polen- und Ostarbeiter-Erlasse.

Bei Angeklagten deutscher Staatsangehörigkeit lauteten die Vorwürfe zumeist auf »Vorbereitung zum Hochverrat«, »Wehrkraftzersetzung«, »Abhören feindlicher Sender« oder »Verbotenen Umgang mit Kriegsgefangenen«. Häufig verwiesen die

Richter im Urteil auf das »gesunde Volksempfinden«, das mit der Straftat verletzt worden wäre. Sie maßen einer »Gefährdung« der »Volksgemeinschaft« einen höheren Stellenwert zu als einem tatsächlichen Gesetzesverstoß – ganz im Sinne der NS-Rechtsideologie.

Gerhard Schiller

geboren am 26. Februar 1919
in Wien

Gerhard Schiller arbeitete seit 1941 bei »Frieseke und Höpfner«, einem Spezialwerk für Flugzeugtechnik, in Potsdam-Babelsberg. Dass er den Nürnberger Gesetzen nach »jüdischer Abstammung« war, gab er nicht an. Denunziert durch einen Kollegen, entließ ihn daraufhin die Firma fristlos. Anfang 1942 wurde Gerhard Schiller festgenommen und im Gefängnis Lindenstraße inhaftiert. Er habe sich »in der Öffentlichkeit als Jude ohne einen Judenstern gezeigt« sowie unter falschen Angaben Lebensmittelkarten beschafft. Am 16. April 1942 verurteilte ihn das Potsdamer Amtsgericht wegen Vergehens gegen die »Verbrauchsregelungsstrafverordnung« zu vier Monaten und zwei Wochen Haft, die er im Gefängnis Lindenstraße verbüßte. Mit der Entlassung wurde er an die Gestapo übergeben. Sein weiteres Schicksal ist nicht bekannt.

Potsdam als Verhandlungs- und Haftort des Volksgerichtshofs

Zur Verfolgung von »Landes- und Hochverrat« sowie weiterer politischer Delikte richtete das NS-Regime am 24. April 1934 ein eigenes Gericht ein – den Volksgerichtshof. Mit Sitz in Berlin übernahm er Aufgaben des Reichsgerichts und wurde zur obersten Instanz für politische Straftaten.

Schon bald wurde der Volksgerichtshof auf vier Senate vergrößert, seine sachliche und örtliche Zuständigkeit wuchs stetig. Erster, Zweiter und Dritter Senat beschäftigten sich vorrangig mit Landes- und Hochverratsvorwürfen, der Vierte Senat verfolgte außerdem schwere Fälle von »Wehrmittelbeschädigung«. 1941 entstand der Fünfte Senat, der unter anderem »Kriegsspionage« und Verstöße gegen die »Verordnung zum Schutz der Rüstungswirtschaft« ahndete. Ein Sechster Senat war ab 1942 für Fälle »öffentlicher Wehrkraftzersetzung« und »vorsätzlicher Wehrdienstentziehung« zuständig. In immer stärkerem Maße praktizierte der Volksgerichtshof eine radikale Terrorjustiz gegen Oppositionelle und Widerstandsaktivisten, bei der Todesurteile zum gängigen Strafmaß wurden.

Bis 1943 verhandelte der Volksgerichtshof vorrangig in Berlin. Etwa ein Drittel der Prozesse fand außerhalb der Reichshauptstadt statt, am jeweiligen Handlungsort der Angeklagten. Im Oktober 1943 wurde das Volksgerichtshof-Gebäude in der Berliner Bellevuestraße bei einem Bombenangriff getroffen. Fortan hielten mehrere Senate Prozesse in Potsdam ab. Die Verhandlungen fanden zumeist im Schwurgerichtssaal des Justizgebäudes in der Kaiser-Wilhelm-Straße 8 (heute: Hegelallee) statt. Etwa ein

Verhandlung vor dem Volksgerichtshof nach dem Attentat auf Hitler am 20. Juli 1944

bis zwei Wochen vor Prozessbeginn wurden viele der Angeklagten nach Potsdam überstellt und im Gerichtsgefängnis Lindenstraße inhaftiert.

Bei Luftangriffen am 3. Februar 1945 wurde das Berliner Gerichtsgebäude vollständig zerstört und der Präsident des Gerichts, Roland Freisler, getötet. Der Volksgerichtshof zog nun vollständig nach Potsdam um. In Potsdam fanden Prozesse gegen Mitglieder des kommunistischen und sozialdemokratischen Arbeiterwiderstandes statt. Ebenso wurde gegen Menschen, die sich im Umfeld der Bekennenden Kirche engagierten oder verfolgte jüdische Bürgerinnen und Bürger unterstützten oder die durch politisch missliebige Äußerungen oder Aktionen aufgefallen waren, Anklage erhoben. Insgesamt führten Senate des Volksgerichtshofs in Potsdam Prozesse gegen mindestens 225 Angeklagte. Sie verhängten mindestens 55 Todesurteile.

August Bonness

geboren am 3. Juni 1890 in Dessau, hingerichtet am 4. Dezember 1944 in Brandenburg-Görden

Der Potsdamer Verleger und Freimaurer wurde am 23. August 1943 von der Gestapo festgenommen und unter anderem in der Lindenstraße inhaftiert. Denunziationen zufolge sollte er sich negativ über das Nazi-Regime geäußert haben. August Bonness wurde am 12. Februar 1944 wegen »Wehrkraftzersetzung« und »Feindbegünstigung« vom Ersten Senat des Volksgerichtshofs in Potsdam zum Tode verurteilt und am 4. Dezember 1944 hingerichtet.

Werner Seelenbinder

geboren am 2. August 1904 in Stettin, hingerichtet am 24. Oktober 1944 in Brandenburg-Görden

Werner Seelenbinder, seit 1928 KPD-Mitglied, wurde zwischen 1933 und 1941 sechsmal Deutscher Meister im Ringen. Als Teil-

nehmer der Olympischen Spiele 1936 verteilte er heimlich Flugblätter. Bei der Rückreise von den Europameisterschaften 1937 und 1938 gelang es ihm, Schriften zum Widerstand ins Deutsche Reich zu schmuggeln. Ende der 1930er Jahre schloss er sich der Widerstandsgruppe um Robert Uhrig an. Am 4. Februar 1942 wurde Werner Seelenbinder im Zuge der Verfolgung der Gruppe festgenommen und zweieinhalb Jahre in verschiedenen Zuchthäusern und Konzentrationslagern in-

Werner Seelenbinder, um 1937

haftiert, im Sommer 1944 im Gefängnis Lindenstraße. Am 4. und 5. September 1944 fand in Potsdam der Prozess gegen Werner Seelenbinder und zwölf weitere Mitglieder der Gruppe statt. Wegen »Vorbereitung zum Hochverrat« verhängte der Fünfte Senat des Volksgerichtshofs über ihn und fünf weitere Angeklagte das Todesurteil. Am 24. Oktober 1944 wurde Werner Seelenbinder im Zuchthaus Brandenburg-Görden hingerichtet.

Günter Naumann

geboren am 16. Februar 1922 in Luckenwalde

Günter Naumann arbeitete als Industriekaufmann im elterlichen Metallbetrieb in Luckenwalde. Anfang 1944 stieß er zur Widerstandsgruppe »Gemeinschaft für Frieden und Aufbau«. Er vervielfältigte die von der Gruppe verfassten Flugblätter. Das jüdische Ehepaar Gertrud und Arthur Joachim fand bei ihm Schutz und Unterkunft. Am 19. Oktober 1944 wurde Günter Naumann festgenommen. Nach der Verhaftung übernahmen seine Eltern die Verantwortung für das Ehepaar Joachim, das den Holocaust überlebte.

Der Volksgerichtshof-Prozess in Potsdam gegen Günter Naumann und weitere Mitglieder der Luckenwalder Gruppe war für den 23. April 1945 angesetzt. Durch das bevorstehende Kriegsende fand der Prozess nicht mehr statt, Günter Naumann und seine Gefährten wurden aus dem Gefängnis Lindenstraße befreit

Günter Naumann, um 1940

Sowjetisches Geheimdienstgefängnis und Verhandlungsort Sowjetischer Militärtribunale 1945 – 1952

Im Frühjahr 1945 befreiten die alliierten Siegermächte Deutschland vom Nationalsozialismus und beendeten den Zweiten Weltkrieg in Europa. Großbritannien, Frankreich und die USA besetzten die westlichen Teile Deutschlands, die Sowjetunion das Gebiet zwischen Elbe und Oder.

Mit der Einnahme und Besetzung von Potsdam befreite die Rote Armee Ende April 1945 die politischen Häftlinge der NS-Diktatur aus dem Untersuchungsgefängnis in der Lindenstraße. Wenig später fanden in diesem Komplex das städtische Grundbuchamt und verschiedene Justizbehörden ein Quartier.

Doch am 28. Juli 1945 beschlagnahmte die sowjetische Besatzungsmacht im Kontext der Potsdamer Konferenz das gesamte Gerichts- und Gefängnisareal. Neuer Hausherr wurde der sowjetische Geheimdienst, der hier sein zentrales Untersuchungsgefängnis für das Land Brandenburg einrichtete.

1945/46 ging der sowjetische Geheimdienst gegen untergetauchte Nazis und Kriegsverbrecher vor, gleichzeitig bekämpfte er auch – und seit 1946/47 vorrangig – vermeintlichen und tatsächlichen Widerstand gegen den Aufbau einer neuen Diktatur. Verfolgt wurden etwa Sozialdemokraten, die sich der Zwangsvereinigung mit der Kommunistischen Partei widersetzten, ebenso Christdemokraten, Liberaldemokraten und Nationaldemokraten, die sich gegen die Gleichschaltung ihrer Parteien mit der SED auflehnten. Verfolgt wurden Jugendliche, die

Ein Bretterzaun als Sichtschutz: Die Lindenstraße 54 als sowjetisches Geheimdienstgefängnis und Verhandlungsort Sowjetischer Militärtribunale, um 1950

Flugblätter gegen die SED-Politik verbreiteten, und Christen, die sich dem alleinigen Machtanspruch der Kommunisten nicht beugten.

Die Verhaftungen nahmen sowjetische Geheimdienst-, sowjetische Militär- oder deutsche Geheimdienst- und Polizeikräfte vor. Nach häufig ein- oder mehrtägiger Haft in den nächstgelegenen Geheimdienstresidenzen (»GPU-Kellern«) wurden die Festgenommenen in das sowjetische Geheimdienst-Untersuchungsgefängnis in der Lindenstraße transportiert und dort inhaftiert.

Vorgeworfen wurde den Häftlingen:
1945/46 zumeist NS-Täterschaft und »Werwolf-Tätigkeit«
1946/47–1952 vor allem »feindliche Tätigkeit gegen das Sowjetsystem«. Darunter fielen

Werner Wächter

(1902–1946)

Werner Wächter, Chef des Stabes der NSDAP-Reichspropaganda-leitung, wurde am 9. Mai 1902 in Erfurt geboren und absolvierte eine Berufsausbildung zum Kaufmann. In völkisch-nationalisti-schem Geist erzogen, war der 20-Jährige bereits 1922 Mitbegrün-der der NSDAP-Ortsgruppe Potsdam und trat der SA bei. 1932 wurde er für die NSDAP in den Deutschen Reichstag gewählt, dem er bis 1945 angehörte. Während der Nazi-Diktatur stieg er vom Gau-Propaganda-Leiter für Berlin zum Chef des Propagandastabs der NSDAP-Reichspropagandaleitung auf. Als »rechte Hand« von Reichspropagandaminister Joseph Goebbels pflegte Werner Wäch-ter auch private Kontakte zu Goebbels und dessen Familie. Am 3. September 1945 wurde Wächter verhaftet und in das sowjetische Geheimdienstgefängnis in der Potsdamer Lindenstraße überstellt. Ein sowjetisches Militärtribunal verurteilte ihn zum Tode durch Erschießen. Das Urteil wurde vermutlich im August 1946 in Pots-dam oder Berlin-Hohenschönhausen vollstreckt.

Gaupropagandaleiter Werner Wächter verteilt anlässlich des Geburtstages von Propagandaminister Goebbels Kleinemp-fänger an »bedürftige Volksgenossen« aus dem Gau Berlin, 29. Oktober 1938

- »Spionage« und »Sabotage«,
- »Banditentum« und »Mitgliedschaft in Untergrund-
  organisationen«,
- »Diversantentum« und »Terrorismus«.

Für eine Vielzahl der Betroffenen wurde der jeweilige Delikt-
vorwurf zu Unrecht erhoben.

Die Haftbedingungen im Gefängnis Lindenstraße 54/55 ent-
sprachen den Haftprinzipien in der stalinistischen Sowjetunion:
In den 7 m² umfassenden Zellen wurden die Häftlinge in der
Regel zu viert oder zu fünft zusammengepfercht; selbst von
noch höheren Zellenbelegungen wird berichtet. Auch die Kel-
lerräume des Gefängnisses und die Kapelle wurden als Zellen
genutzt. Zur Sichtbehinderung waren sämtliche Zellenfenster
mit Holzblenden versehen. In den Gefängniskorridoren dämpf-
ten Teppiche die Schritte der ständig kontrollierenden Wach-
posten.

In jeder Zelle befanden sich nur eine Holzpritsche und ein Kübel
für die Notdurft; Tag und Nacht brannte ein schwaches Licht. Im
Winterhalbjahr wurden die Zellen kaum beheizt. Während der
monatelangen Untersuchungshaft mussten die eingesperrten
Frauen und Männer die Kleidung tragen, in der sie verhaftet
wurden. Weder eine gründliche Körperreinigung noch das Waschen der Garderobe wurde ihnen gewährt. In den Zellen gab es
Flöhe, Läuse und Wanzen.

Die Verpflegung bestand morgens aus trockenem Brot, mittags
und abends aus Wassersuppe. Infolge der Unterernährung traten
bei den meisten Häftlingen bereits nach kurzer Zeit Krankheiten
auf. Eine medizinische Versorgung fand nicht statt.

Die Verhöre nahmen sowjetische Geheimdienstoffiziere in den Räumen des Gerichtsgebäudes vor, zumeist nachts. Schlafen am Tag war den Häftlingen verboten, Zuwiderhandlungen wurden bestraft.

Während der Verhöre sollten die Häftlinge gestehen, was ihnen vorgehalten wurde. Ein Rechtsbeistand wurde ihnen nicht gewährt. Zu den Vernehmungsmethoden der Geheimdienstoffiziere gehörten Drohungen, Schläge, Misshandlungen und Folter. Nicht wenige Häftlinge erlitten quälende »Sonderbehandlungen«. Manche starben an diesen Haftbedingungen, einige nahmen sich aus Verzweiflung das Leben.

Physisch und psychisch am Ende ihrer Kräfte, unterschrieben die inhaftierten Frauen und Männer nach zumeist monatelangen Verhören in russischer Schrift verfasste »Geständnisse«.

Verurteilungen durch Sowjetische Militärtribunale

Auf der Basis der erpressten »Geständnisse« nahmen Sowjetische Militärtribunale (SMT) im Saal des Gerichtsgebäudes die Verurteilungen der Häftlinge vor. Die Prozesse fanden ohne Zeugen statt. Wenn Verteidiger anwesend waren, hatten sie gewöhnlich keine Funktion. Dolmetscher übersetzten häufig mangelhaft.

Grundlage der Verurteilungen war das Strafrecht der UdSSR, das eigentlich nur für sowjetische Staatsbürger galt. Die Urteile wurden insbesondere nach den Paragraphen des berüchtigten Staatsschutzartikels 58 gefällt. Selten sprachen die SMT Haftstrafen unter zehn Jahren aus, üblich waren 20 oder eher noch

NKWD-Kellerzelle (nachgestaltet), 2014

25 Jahre »Arbeits- und Besserungslager«. Über nicht wenige Häftlinge verhängten sie die Todesstrafe.

Nach den »Gerichtsverhandlungen« wurden die zu Haftstrafen Verurteilten in die »Tribunalzellen« gebracht. In diesen Vier-Mann-Zellen mussten in der Regel zwischen zehn und 20, manchmal nahezu 40 Personen bis zu ihrem Abtransport in die Lager ausharren. Die zum Tod verurteilten Frauen und Männer wurden nach dem Urteilsspruch in besonders bewachte »Todeszellen« gesperrt, bis sie den Weg zu ihrer Hinrichtungsstätte antreten mussten.

Die von den SMT zu Haftstrafen verurteilten Frauen und Männer lieferte die Besatzungsmacht entweder in die Speziallager auf deutschem Territorium oder in die Straflager in der Sowjetunion (GULag) ein. Zehntausende kamen darin ums Leben.

Aus den Speziallagern – oft eingerichtet in ehemaligen NS-Konzentrationslagern – kam ein Teil der Häftlinge 1948 frei. Mit der Auflösung der letzten Speziallager 1950 wurden weitere 15 000 Menschen entlassen. Ungefähr 10 000 von SMT verurteilte Lagerhäftlinge wurden jedoch den DDR-Behörden übergeben. Diese Menschen blieben weiter in Haft, die Frauen zumeist im Zuchthaus Hoheneck, die Männer vor allem in den Zuchthäusern Bautzen oder Torgau.

Etwa 3400 internierte Lagerhäftlinge verurteilten DDR-Gerichte 1950 in den Schnellverfahren der »Waldheimer Prozesse«. Bis Ende 1956 wurden nahezu alle ehemaligen Speziallager-Häftlinge aus den DDR-Haftanstalten entlassen.

Aus den sowjetischen Straflagern kehrten die überlebenden SMT-Verurteilten Ende 1955 nach Deutschland zurück. Der Großteil derjenigen, die in die DDR entlassen wurde, flüchtete in die Bundesrepublik.

Sowjetische Militärtribunale fällten von 1945 bis 1947 und von 1950 bis 1952 zahlreiche Todesurteile über Häftlinge des Gefängnisses Lindenstraße. Nahezu alle wurden vollstreckt.

Die Namen und Schicksale fast aller Frauen und Männer, die von 1945 bis 1947 zum Tod verurteilt wurden, sind bis heute nicht bekannt. Unbekannt sind auch die Orte ihrer Hinrichtung und Bestattung. Häftlinge dieser Zeit berichten von Erschießungen im Keller des Gefängnistraktes.

Im Sommer 1947 wurde die Todesstrafe im sowjetischen Strafrecht abgeschafft, Ende 1949 jedoch wieder eingeführt. Für den Zeitraum von 1950 bis 1952 sind allein in der Lindenstraße mehr als 100 Todesurteile bekannt. Die zum Tod Verurteilten wurden nach Moskau verschleppt – in den Todestrakt des zentralen sowjetischen Geheimdienstgefängnisses Butyrka. Die Erschießungen fanden immer nach Mitternacht statt. Noch in der gleichen Nacht wurden die Erschossenen zum Moskauer Donskoje-Friedhof geschafft, verbrannt und die Asche in Massengräbern verscharrt.

Erinnerungstafel für die zwischen 1950 und 1952 im sowjetischen Geheimdienstgefängnis in der Lindenstraße zum Tode verurteilten und in Moskau hingerichteten Inhaftierten, 2013

Die zum Tod Verurteilten waren für ihre Familien seit der Verhaftung spurlos verschwunden. Auch von den Hinrichtungen wussten die meisten Angehörigen nichts. Sie hofften jahrelang auf die Rückkehr der Verschwundenen. Erst seit Beginn der 1990er Jahre, mit der Rehabilitierung der Opfer durch die russische Militärstaatsanwaltschaft, erfuhren viele Angehörige die Umstände der Verhaftung und des Todes ihrer Verwandten.

Seit 1991/92 bearbeitet die russische Militärstaatsanwaltschaft nach einem strengen Prüfverfahren Anträge von deutschen Opfern. Finden sich keine Beweise für die tatsächliche Schuld des Verurteilten, wird dieser im strafrechtlichen Sinn rehabilitiert. Für die große Mehrheit der SMT-Verurteilten sind inzwischen Rehabilitierungen vorgenommen worden.

Tausenden unschuldig und ohne Urteil in den Speziallagern Internierten bleibt jedoch bis heute eine formale Anerkennung des erlittenen Unrechts verwehrt, da ein derartiges Verfahren nachprüfbare Prozessunterlagen voraussetzt.

Peter Runge, 1950

Peter Runge

Jg. 1929, Oberschüler, verhaftet
am 2. Mai 1946 unter dem Vorwurf der
»Werwolftätigkeit und Spionage«

»Wenn ich während der Verhöre auf einem Hocker sitzen durfte, dann richteten sie den grellen Lichtstrahl einer Lampe direkt auf mein Gesicht. Sie schrieen, sie drohten, sie schlugen zu. Besonders schlimm war das ›Flaschesitzen‹. Man kann nicht unbeweglich auf einer Flasche sitzen, die auf dem Fußboden steht, aber das verlangten sie. Wenn ich mich ein wenig bewegen musste wegen der Schmerzen im Gesäß, dann brachten sie jedes Mal den Knüppel zum Einsatz.«

Herbert Paulmann, 1946

Herbert Paulmann

Jg. 1914, Kriminalobersekretär,
verhaftet am 29. Juli 1946 unter
dem Vorwurf der »Spionage«

»Die Behandlung zwischen den Verhören, das war das Ausschlaggebende! Die Schlägertrupps kamen zumeist am frühen Abend, dann wurde ich mit ihren kurzen russischen Peitschen furchtbar zugerichtet. Mitte Dezember fesselten sie mir die Hände mit Handschellen auf dem Rücken; vier Wochen lang musste ich so zubringen, bis Mitte Januar. Es war furchtbar. Nachts wusste ich vor lauter Schmerzen nicht mehr, wie ich liegen sollte.«

Hans-Jürgen Franz

Jg. 1929, Schüler, verhaftet am 21. Januar 1946 unter dem Vorwurf der »Werwolftätigkeit«

»Sie brachten mich in eine verdunkelte Einzelzelle, in der sich weder eine Pritsche noch eine Matratze oder irgendetwas anderes befand; das einzige Utensil in dieser Zelle war der Kübel für die Notdurft.

In dieser Zelle, in der ich kaum die Hand vor Augen sah, musste ich es etwa drei Monate aushalten, ohne dass ich zu einem Verhör geholt wurde.«

Werner Adermann

Jg. 1922, Student, verhaftet am 8. Februar 1947 in Beeskow / Mark unter dem Vorwurf der »Spionage« und »anti-sowjetischer Einstellung«

»Von Mai 1947 bis November 1949 war die Todesstrafe in der Sowjetunion aufgehoben ... d.h. also, als wir nach Potsdam kamen, existierte sie noch ... Und ich hörte dann von den Menschen, die schon länger dort einsaßen, dass bis vor kurzem im Keller, ... in der unteren Etage, die Erschießungen stattgefunden haben.«

Werner Adermann, 1947

Dieter Henning

Jg. 1930, Abiturient, verhaftet am 1. Oktober 1950 unter dem Vorwurf der »Spionage«

Dieter Henning, 1949

»Die meisten Posten im Gefängnis waren Sadisten. Wenn die Posten bemerkten, dass einem tagsüber die Augen zufielen, weil der Nachtschlaf durch die Verhöre geraubt worden war, dann kamen sie in die Zelle hinein, brüllten ›Du nix schlafen!‹ – und schlugen zu.«

Siegfried Heise

Jg. 1927, Student, verhaftet am 4. November 1951 unter dem Vorwurf der »Spionage«

»Zu essen bekam ich morgens eine trockene Scheibe Brot, vielleicht 2 cm dick, und dünnen Tee; das war die Kaltverpflegung. Am späten Nachmittag gab es dann eine sehr wässrige Kohlsuppe, manchmal mit drei, vier Stücken grünen Tomaten. Manchmal enthielt die Suppe auch einige wenige Graupen.«

Horst Schüler

Jg. 1924, Journalist, verhaftet am 4. November 1951 unter dem Vorwurf der »Spionage«

»Ich wurde jede Nacht verhört und bei fast jedem Verhör verprügelt, kam mehrfach in den Karzer. Irgendwann war ich dann nur noch von dem Wunsch beseelt, dass diese Qual ein Ende nimmt, alles andere war mir egal. Ich tat, was die sowjetischen Vernehmungsoffiziere von mir verlangten.«

Protestierende Schüler

Zur Demonstration am 1. Mai 1946 in Potsdam trugen Jugendliche, aber auch Erwachsene eine weiße Nelke anstelle der vorgeschriebenen roten. Sie protestierten damit gegen die gerade vollzogene Zwangsvereinigung von SPD und KPD zur SED. Am 1. Mai und an den Folgetagen wurden zahlreiche Jugendliche verhaftet, insbesondere Schüler der Potsdamer Einstein-Schule, wie der gerade 17-jährige Garbrecht Müller und der 16-jährige Peter Runge. Beide Einstein-Schüler wurden bis zum Herbst 1946 im Gefängnis in der Lindenstraße inhaftiert und anschließend ohne Urteil im Speziallager Sachsenhausen interniert.

Am 19. Juli 1948 kam Garbrecht Müller frei, Peter Runge am 17. Januar 1950.

Potsdamer Christdemokraten

Ende März 1950 wurden in Potsdam vier führende CDU-Mitglieder verhaftet, die sich der Gleichschaltung ihrer Partei durch die SED widersetzten: der als geistiger Führer der brandenburgischen CDU geltende Frank Schleusener, Jg. 1876, der Potsdamer CDU-Vorsitzende und 2. Bürgermeister Erwin Köhler, Jg. 1901, und seine Ehefrau Charlotte Köhler, Jg. 1907, sowie der Vorsitzende der CDU-Ortsgruppe Nauener Vorstadt, Musikdirektor Ludwig Baues, Jg. 1877. Nach wenigen Hafttagen in der Stasi-Abteilung des VP-Gefängnisses in der Potsdamer Bauhofstraße kam Frank Schleusener ums Leben. Die anderen Inhaftierten wurden dem sowjetischen Geheimdienst übergeben und in das Gefängnis Lindenstraße überstellt.

Weitere Verhaftungen von CDU-Mitgliedern folgten. Unter dem Vorwurf der »Antisowjethetze und Spionage« verurteilte ein So-

Charlotte Köhler (1907–1950)   Erwin Köhler (1901–1950)

wjetisches Militärtribunal Charlotte und Erwin Köhler am 2. Dezember 1950 zum Tode. Erwin Köhler wurde am 20. Februar 1951 in Moskau hingerichtet, Charlotte Köhler am 10. April 1951. Ludwig Baues starb am 14. April 1950 an den Bedingungen der Untersuchungshaft.

Jugendliche Widerständler in Werder/Havel

Im Frühjahr 1950 fanden die Einwohner von Werder/Havel Flugblätter in ihrer Stadt. Sie stammten von der »Kampfgruppe gegen Unmenschlichkeit« (KgU) in West-Berlin und richteten sich gegen die Politik der SED. Auf vielen stand ein »F« als Symbol für Freiheit. Bald ermittelte die Stasi, wer die Flugblätter verteilt hatte: eine jugendliche Widerstandsgruppe aus Werder und Umgebung. Dann meldeten Stasi-Spitzel, dass einige Jugendliche die KgU über das Alltagsleben und die Bewegung sowjetischer Streitkräfte informierten.

Zwischen Oktober 1950 und April 1952 verhaftete die Stasi über 30 zumeist junge Frauen und Männer. Fast alle wurden dem

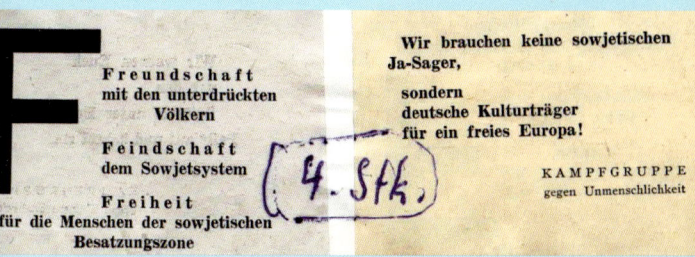

Flugblatt der »Kampfgruppe gegen Unmenschlichkeit«

sowjetischen Geheimdienst übergeben und im Gefängnis Lindenstraße inhaftiert. In mehreren Prozessen fällten Sowjetische Militärtribunale im ersten Halbjahr 1952 die Urteile: Vier Beschuldigte erhielten Haftstrafen zwischen 10 und 20 Jahren, 14 Beschuldigte Haftstrafen von 25 Jahren. Heinz Unger, Ingeborg Wolf, die Geschwister Johanna und Karl-Heinz Kuhfuß, Wilhelm Schwarz, Joachim Trübe und Günther Nawrocki wurden zum Tod verurteilt und in Moskau hingerichtet. Das über Siegfried Vierkant gefällte Todesurteil wurde in eine Haftstrafe von 20 Jahren umgewandelt.

Die Haftstrafen mussten die Verurteilten zumeist in sowjetischen Straflagern wie Workuta und Taischet verbüßen. Zwischen 1953 und 1955 kehrten sie nach Deutschland zurück.

Stasi-Untersuchungsgefängnis

1952 – 1989

Am 18. August 1952 übergab der sowjetische Geheimdienst das »Lindenhotel« an das DDR-Ministerium für Staatssicherheit (MfS). Als Geheimpolizei der SED überwachte und verfolgte der Staatssicherheitsdienst vermeintliche und tatsächliche Gegner der Parteidiktatur. Das MfS betrieb die Haftanstalt als Untersuchungsgefängnis für den Bezirk Potsdam. Im Vorderhaus war die Vernehmungsabteilung (Abteilung IX) untergebracht. Wie unter den sowjetischen Vorgängern dienten die meisten Zimmer als Verhörräume. Der Betrieb des Gefängnisses oblag der Abteilung XIV mit ihren Wärtern.

Treppenhaus im Zellentrakt, 2014

Während der folgenden 37 Jahre waren die an diesem Ort eingesperrten Frauen und Männer den menschenrechtswidrigen Haftbedingungen und Verhörmethoden der Stasi schutzlos ausgesetzt. Sie konnten isoliert, drangsaliert, auch misshandelt und für die Zwecke der Stasi missbraucht werden; von vielen wurden Geständnisse erpresst.

Es spricht für sich, dass die Potsdamer Stasi-Bezirksverwaltung einen Großteil der Gefängnisunterlagen Ende 1989 verschwinden ließ. Erhalten geblieben ist jedoch die Häftlingskartei. Aus ihr geht hervor, dass im Potsdamer Stasi-Gefängnis bis 1989 nahezu 7000 Untersuchungshäftlinge eingesperrt waren, davon annähernd 1000 Frauen. Weniger als 10 Prozent wurden kriminelle, fast allen dagegen politische Delikte vorgehalten.

»Fotozelle«: Portraitaufnahmen für die Gefangenenkartei, 2014

Bis 1989 waren im statistischen Durchschnitt 186 Frauen und Männer pro Jahr im »Lindenhotel« inhaftiert. Zu Beginn der 1950er Jahre lag diese Zahl weitaus höher, in den 1960er und 1970er Jahren mit 134 bzw. 137 darunter. In den 1980er Jahren stieg die Häftlingszahl mit durchschnittlich 177 Gefangenen pro Jahr wieder deutlich an.

Die hohen Verhaftungszahlen Anfang der 1950er Jahre waren Ausdruck des Justizterrors zur Etablierung und Festigung der kommunistischen Diktatur. Er richtete sich gegen jedwede vermeintliche und tatsächliche politische Opposition, insbesondere gegen kritische Mitglieder der zu »Blockparteien« gleichgeschalteten früheren bürgerlichen Parteien, vormalige Sozialdemokraten, jugendlichen Widerstand an Universitäten und Schulen, gegen religiöse Gemeinschaften wie die Zeugen Jehovas und die Junge Gemeinde der Evangelischen Kirche, gegen den Mittelstand sowie Grund und Boden besitzende Bauern. Die gängigen Beschuldigungen lauteten in dieser Periode Spionage, Diversion, Sabotage, Untergrundtätigkeit und antidemokratische Hetze.

Mit der Entstalinisierung nach dem XX. KPdSU-Parteitag 1956 in der Sowjetunion setzte auch in der DDR ein justizpolitischer Kurswechsel ein. Unterbrochen durch eine Repressionswelle gegen Proteste in Verbindung mit dem Mauerbau wurde bis zum Ende der 1960er Jahre zurückhaltender verhaftet. Seit Mitte der 1960er Jahre rückten Fluchtdelikte ins Zentrum der politischen Strafverfolgung.

Entgegen dem liberalen Anstrich, den seine Amtszeit bis heute erhält, wurde unter SED-Generalsekretär Erich Honecker öfter verhaftet und verurteilt als in den letzten Amtsjahren seines

Vorgängers Walter Ulbricht. Als Gefangene der Stasi fanden sich in den 1970er und 1980er Jahren vor allem Menschen wieder, deren Flucht in den Westen gescheitert war, sowie Ausreiseantragsteller, die mit den Mitteln des DDR-Strafgesetzbuches kriminalisiert wurden. In dieser Zeit verfeinerte die Staatssicherheit ihre psychologischen Zersetzungs- und Repressionsstrategien.

Fast 2000 der nahezu 7000 Häftlinge wurden aufgrund von Vorwürfen wie »ungesetzlicher Grenzübertritt«, »Beihilfe zur Republikflucht« oder »staatsfeindlicher Menschenhandel« inhaftiert. Gut 1600 Häftlingen wurde »Spionage- bzw. Agententätigkeit« vorgehalten. 900 Menschen gerieten wegen des Vorwurfs der »Hetze«, der »Staatsverleumdung« oder der »öffentlichen Herabwürdigung« in Haft. Vor allem im Zusammenhang mit Ausreiseanträgen ist der Vorwurf der »Beeinträchtigung staatlicher und gesellschaftlicher Tätigkeit« zu sehen, dem sich knapp 270 Inhaftierte ausgesetzt sahen. Wegen angeblicher oder tatsächlicher Teilnahme am Volksaufstand vom 17. Juni 1953 wurden bis zum Ende des Jahres 1953 insgesamt mindestens 230 Menschen in das Potsdamer Stasi-Gefängnis eingeliefert.

Im Jahr 1988 erreichte die Anzahl der Stasi-Untersuchungshäftlinge mit 269 eine neue Rekordhöhe. Und im Jahr 1989 war eine weitere Steigerung zu verzeichnen. Von Januar bis Oktober leitete die Abteilung IX der Potsdamer Stasi-Bezirksverwaltung 296 Ermittlungsverfahren ein. Erst die DDR-weite Amnestie für politische Häftlinge, die am 1. November 1989 wirksam wurde, beendete auch in der Lindenstraße die Inhaftierung aus politischen Gründen.

Karl-Heinz Pahling

Jg. 1927, Bauarbeiter aus Niemegk, verhaftet am 25. Juni 1953

Am 17. Juni 1953 wurde der Bauarbeiter zum Streikführer in Niemegk gewählt. Als »Rädelsführer« der »verbrecherischen Vorkommnisse in Niemegk und der Organisation der sogenannten Demonstration nach Belzig« verhaftete ihn die Stasi am 25. Juni 1953. Im Potsdamer Stasi-Gefängnis wollten ihn die Verhöroffiziere zu dem Geständnis zwingen, der Streik wäre vom Westen organisiert worden. Am 19. August 1953 verurteilte ihn das Bezirksgericht Potsdam wegen »Boykotthetze gegen demokratische Einrichtungen und Organisationen« zu zehn Jahren Zuchthaus. Die Strafe musste Karl-Heinz Pahling bis Ende 1960 im Zuchthaus Brandenburg verbüßen. Dort wurde er jedes Jahr im Juni für mehrere Tage in eine Isolierzelle gesperrt. Die Herrschenden fürchteten, er könnte selbst hinter Gittern am 17. Juni erneut zum »Aufwiegler« werden.

Georg Rabach

Jg. 1920, Buchhalter aus Brandenburg a. d. Havel,
verhaftet am 28. Mai 1954

1949 stieß der Familienvater zu den Zeugen Jehovas. Nach schlimmster Verfolgung während der Nazi-Diktatur sah das SED-Regime in der Religionsgemeinschaft »Spione einer imperialistischen Macht«, die »Boykotthetze« betreiben würden – und verbot sie. Doch wie andernorts in der DDR kam auch die kleine Gemeinde in Brandenburg weiterhin zusammen. Am 28. Mai 1954 wurde Georg Rabach festgenommen und im Potsdamer Stasi-Gefängnis inhaftiert, ebenso acht weitere Glaubensbrüder und -schwestern. Weil Georg Rabach die »Ziele der amerikanischen Imperialisten, die einen neuen Krieg vorbereiten« vertrete, verurteilte ihn das Bezirksgericht Potsdam zu neun Jahren Zuchthaus. Am 18. April 1961 kam Georg Rabach aus der Haft frei. Zu seinem Glauben konnte er sich erst im vereinten Deutschland ohne Repressionen und Demütigungen bekennen.

Jugendliche aus Karl-Marx-Stadt

Zweimal schon hatte eine »trojanische Kuh« Fluchtwillige in den Westen getragen. Am 7. Juli 1969 fuhren zwei Fluchthelfer den präparierten Bullen mit einem Kleinlastwagen erneut über die Transitautobahn Richtung West-Berlin. Unterwegs stieg eine 18-Jährige aus Karl-Marx-Stadt (Chemnitz) zu, die mit ihrem West-Berliner Verlobten zusammenleben wollte, und verbarg sich in dem hohlen Tierkörper. Doch am DDR-Grenzübergang Drewitz

Eine »trojanische Kuh« als Fluchtmittel, 7. Juli 1969

wurde das Versteck entdeckt, das Trio festgenommen und im Potsdamer Stasi-Gefängnis inhaftiert. Am 15. Oktober 1969 verurteilte das Bezirksgericht Potsdam die Fluchthelfer wegen »staatsfeindlichen Menschenhandels« zu mehr als drei Jahren Gefängnis und die junge Frau wegen versuchten »ungesetzlichen Grenzübertritts« zu zwei Jahren und zehn Monaten Gefängnis. Nach vier Monaten wurde die 18-Jährige von der Bundesrepublik freigekauft.

Ralf-Günther Krolkiewicz
Jg. 1955, Schauspieler und Autor, verhaftet am 9. Juli 1984
Ralf-Günther Krolkiewicz war Schauspieler am Potsdamer Hans-Otto-Theater. Daneben setzte er sich als Schriftsteller ironisch mit dem DDR-Alltag auseinander. Seine Texte spiegelten die

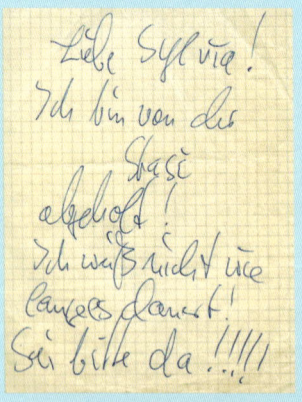

Als die Stasi Ralf-Günther Krolkiewicz am 9. Juli 1984 in seiner Wohnung zur »Klärung eines Sachverhalts« abholte, gelang es dem Künstler noch, diese Nachricht an seine spätere Ehefrau zu schreiben.

politische Bevormundung durch die SED und die Ohnmacht des Einzelnen in der Diktatur wider.

Am 9. Juli 1984, kurz nach einer Lesung im Jugendclub »Spartakus«, wurde er festgenommen, im Potsdamer Stasi-Gefängnis inhaftiert und beschuldigt, »die öffentliche Ordnung der DDR herabgewürdigt« zu haben. Am 20. November 1984 verurteilte ihn das Kreisgericht Potsdam-Stadt zu 18 Monaten Haft. Zur Strafverbüßung wurde er in das Gefängnis Cottbus überstellt, wo der Künstler zahlreichen Schikanen und körperlichen Misshandlungen ausgesetzt war. Am 10. Juli 1985, nach einjähriger Haft, wurde er von der Bundesrepublik freigekauft.

Gisela Lotz

Jg. 1942, Verkäuferin aus Schmergow, verhaftet am 15. August 1985

Als ihre Eltern Anfang 1961 in den Westen flüchteten, versprach Gisela Lotz, bald nachzukommen. Doch das verhinderte der Mauerbau am 13. August 1961. Die junge Frau heiratete und gründete eine Familie. Immer wieder bemühte sie sich, eine Genehmigung zum Besuch ihrer Eltern zu erhalten, ohne Erfolg. 1982 stellten Gisela Lotz, ihr Mann und die beiden erwachsenen Söhne einen Antrag auf Familienzusammenführung und Übersiedlung in die Bundesrepublik Deutschland. Der Antrag wurde abgelehnt, 13 weitere ebenfalls.

Am 15. August 1985 wurde die Familie verhaftet, im Potsdamer Stasi-Gefängnis inhaftiert und am 23. Dezember 1985 wegen »ungesetzlicher Verbindungsaufnahme« zu Haftstrafen zwischen einem Jahr und sechs Monaten sowie zwei Jahren und vier Monaten verurteilt. Nach mehr als 14 Monaten Haft durfte die Familie Ende 1986 in den Westen ausreisen.

Das Gefängnis

Desorientierung, Isolation und permanente Überwachung der Häftlinge bildeten die Grundprinzipien der Stasi-Untersuchungshaft. Diese Prinzipien lagen auch sämtlichen baulichen Veränderungen zugrunde, die seit 1952 in der Haftanstalt vorgenommen wurden und den heutigen Eindruck bestimmen.

Die wohl wesentlichste Baumaßnahme wurde Mitte der 1960er Jahre durchgeführt. Bis dahin bestanden die Zellenfenster aus gewöhnlichen Fensterflügeln hinter den Fenstergittern, die mit Holzblenden zur Sichtbehinderung versehen waren. Diese Fensterflügel wurden ausgebaut und die Fensteröffnungen mit zwei Wänden aus Glasbausteinen so verschlossen, dass die äußere Wand einen Lüftungsspalt an der Fensteroberkante frei ließ, die innere Wand einen Lüftungsspalt an der Fensterunterkante. Über dieses »Belüftungssystem« sollte Frischluft in die Zellen strömen, was allerdings nur in der kalten Jahreszeit funktionierte; dann zog es in den Zellen unbarmherzig, und die ohnehin nicht

Stasizelle in den 1980er Jahren (nachgestellt), 2014

hohe Innentemperatur nahm ab. In den Sommermonaten strömte dagegen kaum frische Luft in die Zellen ein, weil der geringe Temperaturunterschied zwischen außen und innen keine nennenswerte Sogwirkung erzeugte.

Zur gleichen Zeit wurde auf dem Gefängnishof ein Freigang-Komplex mit fünf Einzelzellen errichtet. Einmal am Tag durften sich die Häftlinge darin für 20 bis 30 Minuten aufhalten, allein oder, im Falle einer Zweierbelegung ihrer Zelle, zusammen mit dem Zellenkameraden, bewacht von Mitarbeitern

Freigangzellen auf dem Gefänqnishof, 2014

der Abteilung XIV, die über ihren Köpfen in einem Laufgang bewaffnet patrouillierten. Vermutlich zu Beginn der 1980er Jahre erhielten die Freigangzellen die obere Maschendrahtabsperrung. In zeitlichem Zusammenhang mit dem Bau der Freigangzellen steht wahrscheinlich auch die Errichtung der Schuppen auf dem Hof, die als Garage und Depot für ein Notstromaggregat dienten, sowie die Einrichtung von Werkstätten im Keller- und Parterrebereich des Gefängnisses.

In den späten Jahren der DDR befanden sich die Küche im einstigen Frauengefängnis, eine Wäscherei im Parterrebereich und eine »Nähstube« in der Kapelle.

In der »Fotozelle« wurden die Häftlinge nach ihrer Einlieferung »erkennungsdienstlich« behandelt und Porträtfotos – Aufnahme von links, von rechts und von vorn – angefertigt sowie Fingerabdrücke genommen.

Eine besondere Zelle stellte die »Strafzelle« dar, in der die Häftlinge bei »Zuwiderhandlungen« gegen die Hausordnung oder auf Anweisung des Untersuchungsführers der Abteilung IX Strafarrest verbüßen mussten. Diese »Ahndung« von »Zuwiderhandlungen« bedeutete dabei in aller Regel das mehrtägige Einsperren in der vollständig verdunkelten Zelle, die sich von den anderen auch noch durch Gitter im Inneren unterschied, die den Schlaf-, den Sanitär- und den unbestuhlten Aufenthaltsbereich voneinander absperrten. Die Häftlinge bezeichneten sie deshalb auch als »Tigerkäfig«. Ehemalige Häftlinge der 1950er Jahre berichten von tagelangem und fast oder vollständig unbekleidetem Aufenthalt in der unterkühlten Zelle und von einer »Strafverpflegung«, die aus Wasser und trockenem Brot bestand und nur an jedem zweiten Tag gewährt wurde.

Im gesamten Gefängnis, auch auf dem Hof, befinden sich rote Lampen. Dieses Licht-Signal-System sorgte dafür, dass sich Häftlinge im Gefängniskomplex nicht begegnen konnten, weil es immer dann eingeschaltet wurde, wenn ein Häftling zum Verhör oder zum Freigang »unterwegs« war; weitere »Transporte« fanden erst statt, wenn das Licht wieder erloschen war.

Aus Angst vor Übergriffen eines »transportierten« Häftlings war entlang der Korridore und Treppengeländer eine »Reißleine« gespannt, die zu einer Alarmglocke im Dienstzimmer der Abteilung XIV führte. Ein Ruck an diesem Signaldraht löste im Bedarfsfall Alarm aus. Zusätzlich waren in den Eckbereichen der Gefängniskorridore und an anderen exponierten Stellen großformatige Spiegel in schräger Neigung angebracht, um den Mitarbeitern der Abteilung XIV die Kontrolle der nicht einsehbaren Bereiche zu ermöglichen. In den späten Jahren der DDR ergänzten Kameras die Überwachung der Flure und Treppenabschnitte sowie des Hofbereichs.

Ein internes Informationspapier der Potsdamer Stasi-Bezirksverwaltung aus dem Jahr 1984 weist als »normale Belegungskapazität« des Gefängnisses 90 Häftlinge aus, die »maximale Belegungskapazität« betrug zu dieser Zeit 110 Häftlinge. Häufig blieben die Häftlinge über Wochen und Monate allein in einer Zelle eingesperrt. Erst wenn die Verhöre ein Ende nahmen, weil die Ermittlungen aus Sicht der Abteilung IX abgeschlossen waren, wurden Häftlinge in der Regel zu zweit in die Zellen gesperrt, die in der Stasi-Sprache »Verwahrräume« hießen. Bei einer Zellengrundfläche von durchschnittlich 7 m² entfielen dann auf einen Häftling 3,5 m².

Dieter Drewitz, am 15. September 1966 wegen »Verbindungsaufnahme zum RIAS« verhaftet, berichtet über seine Zelle: »Keine Sicht nach draußen, kein Waschbecken, keine Toilette, stattdessen ein Kübel mit Deckel. Zum Waschen wurden täglich eine Wasserkanne, eine Schüssel und ein Stück Kernseife in die Zelle gereicht. Außer den beiden Holzpritschen mit Matratzen und den blaukarierten Bettdecken gab es unter der Fensteröffnung nur noch einen kleinen Tisch und zwei Hocker, die am Fußboden unverrückbar befestigt waren; sonst befand sich nichts in der Zelle.«

Die heute sichtbaren WCs und Waschbecken wurden vermutlich Mitte der 1970er Jahre eingebaut. Die Beobachtungslöcher mit beweglichen Verschlussklappen in den Zellentüren, sogenannte »Spione«, gewährten die ständige Überwachung der Inhaftierten. Ehemalige Häftlinge berichten von Tageskontrollen im Abstand von fünf bis sieben Minuten und von einem 15-minütigen Kontrollrhythmus nachts.

In den frühen Jahren brannte das Zellenlicht die ganze Nacht. Später wurde es bei jedem nächtlichen Kontrollgang eingeschaltet. Für die Häftlinge, denen die Schlafhaltung vorgeschrieben war – Rückenlage mit Blickrichtung zur Zellentür –, bedeutete dies eine immer wiederkehrende Störung oder Unterbrechung des Schlafs.

Die größere Klappe, über die jede Zellentür verfügt, diente vor allem zum Durchreichen der Verpflegung. Aber auch Bücher, Zeitungen oder »Einkaufsartikel«, die entsprechende Genehmigung des Untersuchungsführers der Abteilung IX vorausgesetzt, wurden den Häftlingen durch die Klappe in die Zelle gereicht.

Tonbandabschrift der Vernehmerfragen in einem Stasi-Verhör vom 23. 1. 1989

Wo Sie sind, wissen Se det?

Sie befinden sich hier in den Räumen der Untersuchungsabteilung des Ministeriums für Staatssicherheit Potsdam.

Wir ham Sie heute hierher bringen lassen, weil wir mit Ihnen ein paar Fragen zu klären haben. (...) So, Sie sehen, hinter uns läuft hier 'n Band mit. Das ist auch zulässig, strafprozessmäßig.

So. Können Se sich denn denken, worum's geht?! Könn' sich nich' vorstellen? Hat sich noch nich rumgesprochen? Hhhmmm!

Na, ick muss Ihnen sagen, vielleicht zur kurzen Einstimmung, äh, wir haben Sie hier heute nicht, wie et so schön heißt, auf blauen Dunst herkommen lassen, weil wer nischt Besseret vorhaben. Es gibt da ein paar Dinge, wie ich schon sagte, die geklärt werden müssen. Dazu gibt's Aussagen von verschiedenen Leuten, und diese wolln wer nun eigentlich bestätigt haben. So.

Ich möchte Ihnen erstmal die Möglichkeit geben, dass Sie uns erstmal alles das erzählen, was Sie dazu wissen!

Wer gehört denn so zu Ihrem Bekanntenkreis?

Nu wer'n Se mal bisschen konkreter! Nenn' Se doch mal 'n paar Namen hier!

Wieso, ham Se irgendwelche Angst, uns Namen zu nennen?

Wollen Se denn nich' mit mir reden oder überlegen Se noch?!

Sie solln det sagen, wat sich abgespielt hat und wat Sie darüber wissen, damit wir dit mit dem anderen, wat, mit dem Vorhandenen vergleichen können, um uns dann ein Urteil bilden zu können!

Und ick kann nur wieder darauf hinweisen, wir ham Sie hier nicht auf blauen Dunst geholt, und es ist ooch in der Zwischenzeit, wo Sie nun, Sie sind ja nun schon 'n bisschen Gast dieses Hauses, weitere Maßnahmen gelaufen, die irgendwat überprüft haben, um uns 'n Bild zu machen, wer sagt hier denn eigentlich die Wahrheit! Und im Moment, muss ich sagen, schneiden Se nicht gerade besonders ab.

Quelle: BStU, MfS, Ast. Potsdam, Tb/10 (Z)

Haus der Demokratie*

1989/90

In der zweiten Hälfte der 1980er Jahre waren im Bezirk Potsdam wie überall in der DDR kleine Gruppen entstanden, um frei zu sprechen und selbstbestimmt oder sogar widerständig zu handeln. Ihre Themen waren Friedens- und Menschenrechtsfragen, Umweltverschmutzung und Innenstadtverfall. Die Gruppen kamen vor allem unter dem Dach der Evangelischen Kirche zusammen. Zentren im damaligen Bezirk Potsdam waren die Städte Potsdam, Brandenburg an der Havel und Neuruppin. Die Stasi war über das Geschehen zumeist gut informiert. Nahezu alle Gruppen waren von Stasi-Spitzeln unterwandert.

Während sich DDR-weit einige tausend Menschen für demokratische Reformen engagierten, hatten Ende der 1980er Jahre Hunderttausende jegliche Hoffnung auf politische Veränderungen aufgegeben und wollten das Land nur noch verlassen. Allein im Januar 1989 reichten im Bezirk Potsdam mehr als 4000 Menschen einen Ausreiseantrag ein. Von Januar bis August verließen knapp 3000 Menschen den Bezirk.

Die Ausreisewelle hatte einschneidende Folgen: Überall fehlten Fachkräfte, es kam zu Produktionsausfällen und Versorgungsengpässen. Die SED-Führung glaubte, mit Ausreisegenehmigungen die Unzufriedenheit in den Westen exportieren zu können. Doch der gegenteilige Effekt trat ein.

* Mitarbeit an diesem Kapitel: Peter Ulrich Weiß.

Denn als Reaktion auf die zunehmenden Ausreisen entstand in der DDR eine rasch wachsende Protestbewegung, die demokratische Umgestaltung und Reisefreiheit statt Bevormundung und Massenflucht forderte. Von Mitte September bis Anfang Oktober 1989 wurde zur Gründung von Bürgerrechtsgruppen wie Neues Forum, Demokratie Jetzt, Demokratischer Aufbruch und Vereinigte Linke und sogar einer Partei, der Sozialdemokratischen Partei in der DDR (SDP), aufgerufen, die das Machtmonopol der SED in Frage stellte.

Einladung zum 1. Pfingstbergfest, 10. Juni 1989: Potsdamer Umweltaktivisten starteten 1988 ein Projekt, um das völlig verfallene Areal aus Belvedere, Pomonatempel und Lennéscher Gartenanlage auf dem Pfingstberg denkmalgerecht zu restaurieren.

Unter den Initiatoren befanden sich auch Bürgerrechtler aus dem Bezirk Potsdam: Martin Gutzeit und Steffen Reiche für die SDP; Reinhard Meinel, Rudolf Tschäpe und Jan Hermann für das Neue Forum; Reinhard Lampe für Demokratie Jetzt.

Am 4. Oktober 1989 stellte sich das Neue Forum in der Babelsberger Friedrichskirche vor.

Unabhängig davon, ohne eine Gruppe oder Organisation im Rücken, riefen acht Potsdamer Bürger für den 7. Oktober auf Handzetteln zu einer Demonstration in der Potsdamer Innenstadt auf.

Demonstration auf dem Potsdamer Luisenplatz, 4. November 1989

Es kamen 2000 Demonstranten, die friedlich im Stadtzentrum protestierten: »Wir bleiben hier, verändern wollen wir!« Als sich die Versammlung auflöste, griff die Volkspolizei ein und verhaftete mehr als 100 Demonstranten.

»40 lange Jahre
Wir haben genug geschwiegen!
In diesen Tagen wird an vielen Orten das Schweigen gebrochen.
Wir treffen uns am 7. 10. um 14 Uhr in der Klement-Gottwald-Str.
am Brandenburger Tor. Bringt als Zeichen der Hoffnung eine Blume mit!
GEGEN RESIGNATION UND ANGST!«

Aufruf von Martin Kwaschik, Hans Schalinski, Gabriele Grafenhorst, Hartmut Mechtel,
Jeanne Grabner, Andreas Ortlieb, Udo Kremer und Olaf Grabner, Oktober 1989
(Quelle: Sigrid Grabner u. a. (Hrsg.) 1999, S. 156)

»Den Feinden die Faust«, drohte SED-Bezirkschef Günther Jahn am 13. Oktober 1989 in einer Rede vor leitenden Kommunisten des Bezirkes Potsdam, um einschränkend gleich hinzuzufügen: »[…] aber wir können nicht Zehntausende zu Feinden erklären.« Wie überall in der DDR musste auch die Potsdamer SED-Führung erkennen, dass die Protestbewegung nicht aufzuhalten war. Am 4. November 1989 waren es etwa 30 000 Menschen, die auf dem Potsdamer Luisenplatz zu einer Kundgebung zusammenkamen. Im Anschluss zog der Demonstrationszug durch die Innenstadt. Auf Transparenten wurde u. a. gefordert: Freie Wahlen – Stasi in die Produktion – Wir sind das Volk!

In der Nacht vom 9. auf den 10. November 1989 führte ein Ansturm von Ost- und West-Berlinern – und von Bürgern aus dem Berliner Umland – auf die Grenzübergänge zum Fall der Mauer.

Der Mauerfall: Die Glienicker Brücke, jahrzehntelang ein Symbol der deutschen Teilung, wurde am 10. November 1989 ab 18 Uhr als Grenzübergang geöffnet, 11. November 1989

Die Massendemonstrationen setzten sich auch nach dem Mauerfall fort, hinzu kam eine Massenausreise. Unter diesem doppelten Druck zerfielen innerhalb weniger Wochen die kommunistischen Herrschaftsstrukturen.

Am 5. Dezember 1989 verschafften sich Aktivisten des Neuen Forums und der Sozialdemokratischen Partei Zutritt zur Potsdamer Stasi-Bezirksverwaltung. Sie besetzten das Anwesen in der Hegelallee und stoppten die Aktenvernichtung. Abends entschlossen sich einige Bürgerrechtler, auch das Stasi-Untersuchungsgefängnis zu kontrollieren. Am Eingang forderten sie: »Neues Forum Potsdam, lassen Sie uns bitte ein!« – und hatten Erfolg.

Bei ihrem Rundgang durch das Gefängnis überzeugten sie sich, dass alle politischen Häftlinge entlassen worden waren. Überall roch es nach frischer Farbe. Dem Chef der Vernehmungsabteilung zitterten die Hände und der Chef des Vollzuges hatte große traurige Augen, hielt Günther Rüdiger, einer der Bürgerrechtler, fest. Der Vernehmungs-Chef erklärte, Akten seien nur in der Bezirksverwaltung, nicht aber im »Lindenhotel« aufbewahrt worden. Wenig später wurde diese Lüge offenkundig.

Um den Jahreswechsel 1989/90 gab die Stasi das »Lindenhotel« an die Stadt zurück. Zur gleichen Zeit verzeichneten die oppositionellen Gruppen bereits hohe Mitgliederzahlen, die weiter zunahmen. Die politische Arbeit ließ sich nicht mehr länger aus kirchlichen Räumen und Wohnzimmern organisieren. Notwendig waren Büros. Der Rat der Stadt schlug dafür abgelegene Liegenschaften vor. Die Opposition jedoch suchte ein »Haus der Demokratie«, das für die Bürger gut erreichbar war. Die einstige Stasi-Verhörzentrale in der Lindenstraße erfüllte dieses Kriterium, der Rat der Stadt stimmte zu.

Ab dem 12. Januar 1990 hielten SDP und Neues Forum Einzug in das »Lindenhotel«, sechs weitere Gruppen und Parteien folgten bis Mai 1990. Aus einem »Haus des Terrors« wurde das »Haus der Demokratie«: eine Anlaufstelle für Bürger aus dem gesamten Bezirk, die sich informieren oder engagieren wollten.

»Es war schon eine besondere Genugtuung, dass jemand wie ich, der gerade einmal sechs Jahre vorher eine Etage höher verhört worden war, nunmehr nur eine Etage tiefer tatkräftig die Auflösung dieses Systems mit betrieb.«

Jes Möller, 1990 Aktivist im Büro der SDP in der Lindenstraße, im Dezember 1983 von der Stasi in der Lindenstraße inhaftiert

Die einstigen Verhörräume verfügten über Schreibtische, Telefone und Schreibmaschinen. Manches war verschlissen und vieles fehlte.

Bald trafen Spenden aus dem Westen ein, insbesondere Computer, Papier und ein Kopiergerät. Trotz der besseren Arbeitsbedingungen hielt für die neuen Mieter des »Lindenhotels« die Überlastung der zurückliegenden Wochen an. Es galt, die erste freie Volkskammerwahl vorzubereiten, die auf den 18. März 1990 festgelegt worden war.

Wahlsieger wurde mit 48,1 Prozent der Stimmen die »Allianz für Deutschland«, gebildet aus der ehemaligen Blockpartei CDU, der Deutschen Sozialen Union und dem Demokratischen Aufbruch. Die in Wahlumfragen lange Zeit führende SPD erzielte nur knapp 22 Prozent der Stimmen. »Bündnis 90«, das Wahlbündnis der Bürgerbewegungen Neues Forum, Demokratie Jetzt und Initiative für Frieden und Menschenrechte, erreichte weniger als drei Prozent der Stimmen, ebenso die Listenverbindung Grüne / Unabhängiger Frauenverband.

Die »Allianz für Deutschland« bildete zusammen mit der SPD und dem Bund Freier Demokraten eine große Koalition unter Führung von Ministerpräsident Lothar de Maizière (CDU). Dem Kabinett gehörte auch der Potsdamer SDP-Mitbegründer Emil Schnell als Minister für Post- und Fernmeldewesen an.

Die Abwahl der SED-Nachfolgepartei PDS (Partei des demokratischen Sozialismus) beendete die vier Jahrzehnte während SED-Herrschaft in der DDR. Das Wahlergebnis war zudem ein klares Votum der Menschen für die Einheit Deutschlands, die nicht einmal sieben Monate später, am 3. Oktober 1990, erreicht wurde.

Am 20. Januar 1990, als Neues Forum und SPD gerade das »Lindenhotel« als »Haus der Demokratie« bezogen hatten, erhielt mit dem ersten »Tag der offenen Tür« auch die Öffentlichkeit Zutritt zum vormaligen Stasi-Gefängnis. Das Interesse war enorm. In langen Schlangen warteten die Menschen geduldig auf Einlass – und waren entsetzt über das, was sie im Inneren des Anwesens sahen – und hörten. Denn zu den Besuchern gehörten auch ehemalige Häftlinge, die zum ersten Mal über ihre leidvollen Erfahrungen an diesem Ort berichteten. Bis zum Frühsommer 1990 initiierten die neuen Hausherren weitere »Tage der offenen Tür«. Doch den Fragen nach der Geschichte

Tag der offenen Tür im Potsdamer »Lindenhotel«, 17. Februar 1990

des Ortes – seit mehr als 50 Jahren ein Tabu – waren sie nicht gewachsen, und der Ansturm beeinträchtigte ihre politische Arbeit. So wurde im Frühsommer beschlossen, das leerstehende Zellengebäude für den allgemeinen Besucherverkehr zu schließen. Die Mitarbeiter des Potsdam Museums, Thomas Wernicke und Hannes Wittenberg, ermöglichten fortan ehemaligen Häftlingen und Interessierten die Besichtigung des Gefängnisses.

Im Sommer 1990 suchte sich die SPD ein neues Domizil. In der Folgezeit verließen auch das Neue Forum und die anderen Gruppen und Parteien das »Lindenhotel«.

Einzug hielt nun die Untere Denkmalbehörde der Landeshauptstadt Potsdam. Bis auf den ehemaligen Gerichtssaal nutzte sie sämtliche Räume des Vorderhauses als Büros und den überwiegenden Teil des Hafthauses als Lager. Aus den meisten Zellen wurde das Mobiliar entfernt und häufig Regale an die Wände geschraubt. Zahlreiche Haft-Details fielen der Vernichtung anheim, darunter auch Abhörwanzen, die unter den Scheuerleisten einiger Zellen von der Stasi versteckt worden waren. Ende der 1990er Jahre begann die neobarocke Sanierung des Vorderhauses und Gefängnishofs, die erst 2010 gestoppt werden konnte.

Als Mitte der 1990er Jahre eine Umnutzung des gesamten Gebäudes bis hin zu einem Abriss des Zellentraktes nicht auszuschließen war, rief der Mitbegründer des Neuen Forum, Rudolf Tschäpe, die Fördergemeinschaft »Lindenstraße 54« mit dem Ziel ins Leben, das geschichtsträchtige Anwesen für die Öffentlichkeit zu erhalten. Auf Initiative der Fördergemeinschaft beschloss die Potsdamer Stadtverordnetenversammlung am 4. Oktober 1995, die Lindenstraße 54/55 zur Gedenkstätte zu erheben und in die Obhut des Potsdam Museums zu geben. An Personal und Finanzmittel für die Gedenkstätte wurde allerdings nicht gedacht.

Am Buß- und Bettag 1995 wurde auf dem Innenhof die Plastik »Das Opfer« von Wieland Förster enthüllt, deren Ankauf eine Spendenkampagne der Fördergemeinschaft ermöglicht hatte. An der Skulptur, die einen geschundenen und gequälten Menschen darstellt, dessen flehende Haltung auf den Himmel gerichtet ist, wurde danach am 27. Januar jeden Jahres der Opfer des Holocaust und in späteren Jahren am 13. August auch der Opfer des Mauerbaus gedacht. Poli-

»Das Opfer« von Wieland Förster

tisch Verfolgte legen bei Besuchen an der Skulptur Blumen für Leidensgefährten nieder, Angehörige für Inhaftierte aus ihren Familien.

Ende der 1990er Jahre stellte das Potsdam Museum im Vorderhaus einige Ausstellungstafeln zur Hausgeschichte auf. Das Gefängnis wurde an zwei Tagen in der Woche für Besucher geöffnet, später auch an jedem zweiten Samstag im Monat.

Im Jahr 2002 nahm eine Schüler-Projektwerkstatt des brandenburgischen Bildungsministeriums unter Leitung der Gedenk-
stätten-Lehrerin Cathrin Eich vor Ort ihre Arbeit auf. Sie ermöglicht seither den Unterricht am außerschulischen Lernort,
bietet Zeitzeugen-Gespräche für Schülerinnen und Schüler sowie Lehrerfortbildungen an und berät Schulen bei Geschichts-
projekten. Unterstützt wird die Projektwerkstatt seit 2007 von
einem Förderverein unter Vorsitz von Carla Ottmann.

Mit der Ausstellung »›Freiheit wollen wir!‹ Der 17. Juni 1953 im
Land Brandenburg« erfuhr die Gedenkstätte eine neue Qualität
in der öffentlichen Wahrnehmung. Die von der Fördergemeinschaft »Lindenstraße 54« und dem Zentrum für Zeithistorische

NS-Ausstellungsbereich im Erdgeschoss des Hafthauses, 2014

»Haus der Demokratie« – Ausstellung im Vorderhaus, 2014

Forschung getragene und im Sommer 2003 täglich geöffnete Ausstellung wurde ein großer Publikumserfolg. Seither verzeichnete die Gedenkstätte eine zunehmende Beachtung im Land Brandenburg, in der Bundesrepublik und im europäischen Ausland.

Zur Entwicklung der Gedenkstätte, angesichts ihrer »schweigenden Mauern und Zellen« und der noch immer fehlenden Hintergrundinformationen als »Gedenkstätte ohne Erinnerung« charakterisiert, legte das Zentrum für Zeithistorische Forschung (ZZF) im Jahr 2005 ein Memorandum vor. In dessen Mittelpunkt stand der Vorschlag eines Modulkonzepts, nach dem die Vorgeschichte und die vier historischen Epochen des Hauses schrittweise erforscht, dokumentiert und in Ausstellungen umgesetzt werden sollten. Der Auszug der Unteren Denkmalbehörde ab dem Jahr 2007 schuf dafür die räumlichen Voraussetzungen: Das gesamte Anwesen einschließlich des Vorderhauses und mehr und mehr auch der gesamte Zellentrakt standen nunmehr der Gedenkstätte zur Verfügung.

Die heute zu besichtigende Dauerausstellung wurde der ZZF-Denkschrift folgend in einzelnen Schritten von 2007 bis 2013 von ZZF und Potsdam Museum mit Projektmitteln erarbeitet und realisiert. Gefördert wurden diese Vorhaben maßgeblich durch die Bundesstiftung zur Aufarbeitung der SED-Diktatur, das Ministerium für Wissenschaft, Forschung und Kultur des Landes Brandenburg und den Beauftragten der Bundesregierung für Kultur und Medien sowie durch die Europäische Union, Kulturland Brandenburg, die Brandenburgische Landeszentrale für politische Bildung, die Fördergemeinschaft »Lindenstraße 54/55« und den Verein der Förderer und Freunde des Zentrums für Zeithistorische Forschung Potsdam e.V. Seit dem Jahr 2008 stellte zudem das Potsdam Museum Honorarmittel für die Gedenkstättenarbeit zur Verfügung. Landes- und Bundesmittel ermöglichten schließlich auch den besuchergerechten Ausbau der Gedenkstätte. Diese positive Entwicklung ging mit einem rapiden Anstieg der Besucherzahlen einher – von rund 5000 im Jahr 2003 auf etwa 20 000 in den letzten Jahren.

Zur Vorbereitung der Trägerschaft durch eine rechtsfähige Stiftung wurde die Gedenkstätte schließlich aus dem Potsdam Museum ausgegliedert und zum 1. Januar 2012 dem Geschäftsbereich des Oberbürgermeisters zugeordnet.

Aufgabe der Gedenkstätte ist es, an die Opfer der beiden unterschiedlichen deutschen Diktaturen zu erinnern, den antidiktatorischen Konsens in der Gesellschaft zu festigen sowie das Bewusstsein für den Wert von Freiheit und Demokratie und für die Verteidigung der Menschenrechte zu stärken.

Service

Gedenkstätte Lindenstraße für die Opfer politischer Gewalt im 20. Jahrhundert

Lindenstraße 54, 14467 Potsdam
Tel.: 0331-289 61 36
www.gedenkstaette-lindenstrasse.de
Öffnungszeiten: Di–So 10–18 Uhr
Eintritt: 1,50 Euro; mit Führung 3,00 Euro
Schüler 1,00 Euro, mit Führung 2,00 Euro
Anfahrt:
Von Potsdam Hauptbahnhof bis Haltestelle Dortustraße:
Tram 91 (Richtung Pirschheide)
Tram 94 (Richtung Pirschheide)
Bus 605 (Richtung Golm-Bahnhof)
Bus 606 (Richtung Alt-Golm)
5 Min. Fußweg zur Gedenkstätte

Fördergemeinschaft »Lindenstraße 54«

Lindenstraße 54, 14467 Potsdam
www.foerdergemeinschaft-
lindenstrasse.de

Schülerprojektwerkstatt »Lindenstraße 54«

Lindenstraße 54, 14467 Potsdam
Tel.: 0331-201 57 14
www.pw-gedenkstaette-potsdam.de.vu
Angebote für Schüler/innen, Lehrer/innen und Schulen: Rundgang durch die Gedenkstätte mit Film- und Fallbeispielen; Kleingruppenrecherche in den Ausstellungsmodulen; Betreuung von Seminarkursen, Projekten, Facharbeiten; Lesungen und Zeitzeugengespräche; Lehrerfortbildungen

Verein zur Förderung der Projektwerkstatt »Lindenstraße 54« e.V.

Lindenstr. 54, 14467 Potsdam
Tel.: 0331-201 57 14
www.pw-gedenkstaette-potsdam.de.vu

Zentrum für Zeithistorische Forschung Potsdam

Am Neuen Markt 1, 14467 Potsdam
Tel.: 0331-289 91 57, www.zzf-pdm.de

Literatur (Auswahl):

Foitzik, Jan/Petrow, Nikita: Die sowjetischen Geheimdienste in der SBZ/DDR von 1945 bis 1953, Berlin 2009.

Grabner, Sigrid/Röder, Hendrik/Tschäpe, Rudolf (Hg.): Potsdam 1945–1989. Zwischen Anpassung und Aufbegehren, Potsdam 1999.

Grahn, Gerlinde (Hg.): Wir bleiben hier, gestalten wollen wir. Der Runde Tisch im Bezirk Potsdam 1989/90 – Forum des gesellschaftlichen Dialogs, Schkeuditz 2006.

Hertle, Hans-Hermann/Schaarschmidt, Thomas (Hg.): Strafjustiz im Nationalsozialismus. Rassische und politische Verfolgung im Kontext der NS-Strafjustiz, Potsdam 2008.

Hinz-Wessels, Annette: NS-Erbgesundheitsgerichte und Zwangssterilisation in der Provinz Brandenburg, Berlin, Brandenburg 2004.

Meinel, Reinhard/Wernicke, Thomas (Hg.): Mit tschekistischem Gruß. Berichte der Bezirksverwaltung für Staatssicherheit Potsdam, Potsdam 1990.

Petrow, Nikita: Die sowjetischen Geheimdienstmitarbeiter in Deutschland. Biographisches Nachschlagewerk, Berlin 2010.

Püschel, Almuth: Zwangsarbeit in Potsdam – Fremdarbeiter und Kriegsgefangene. Dokumentation, Wilhelmshorst 2002.

Roginskij, Arsenij/Rudolph, Jörg/Drauschke, Frank/Kaminsky, Anne (Hg.): »Erschossen in Moskau ...«. Die deutschen Opfer des Stalinismus auf dem Moskauer Friedhof Donskoje 1950–1953, 3. Aufl., Berlin 2008.

Rüdiger, Gisela/Rogall, Gudrun: Die 111 Tage des Potsdamer Bürgerkomitees »Rat der Volkskontrolle« 1989/90, Potsdam 2009.

Schaare, Gudrun: Das »Lindenhotel«
in Potsdam, in: Mitteilungen der Stu-
diengemeinschaft Sanssouci e.V.«, 7. Jg.
2002, H. 1, S. 1–41.

Schnell, Gabriele (Hg.): »Freiheit
wollen wir!« – Der 17. Juni 1953 im
Land Brandenburg, Ausstellungs-
katalog, Berlin 2003.

Schnell, Gabriele: Das »Lindenhotel«.
Berichte aus dem Potsdamer Geheimdienstgefängnis, 4. Aufl., Berlin 2012.

Wagner, Walter/Zarusky, Jürgen: Der
Volksgerichtshof im nationalsozialistischen Staat, München 2011.

Wernicke, Thomas: Staats-Sicherheit.
Ein Haus in Potsdam, Potsdam 1991.

Die Autoren

Hans-Hermann Hertle

geb. 1955 in Eisern Krs. Siegen/West-
falen, Studium der Geschichte und
Politikwissenschaft in Marburg und
Berlin, 1985–99 als wissenschaftlicher
Mitarbeiter an der Freien Universität
Berlin sowie als Dokumentarfilmer, wis-
senschaftlicher Publizist und Autor tä-
tig, seit Ende 1999 wissenschaftlicher
Mitarbeiter am Zentrum für Zeithistori-
sche Forschung Potsdam.

Gabriele Schnell

geb. 1955 in Falkenstein/Vogtland, Studium der Wasserwirtschaft, nach 1990
Tätigkeit als freie Publizistin, Projekt-
leiterin und Referentin im Bereich der
politischen Bildung, seit 2003 Projekt-
arbeit zur Erforschung und Dokumentation der Geschichte der Gedenkstätte
Lindenstraße und Kuratorin der Dauerausstellung, von 2012 bis 2014 Gedenk-
stätten-Beauftragte, seit 2014 freie
Publizistin.

Chronik

1734–1737	Errichtung des »Großen Holländischen Hauses«
Ab 1738	Kommandantenhaus
1806–1808	Pferdelazarett der französischen Armee
1809–1817	Sitz der Potsdamer Stadtverordnetenversammlung
1818–1820	Umbau zum Potsdamer Stadtgericht; Umbau der Stallanlagen zum Gefängnis
1907–1910	Umbau des Gerichtsgebäudes; Neubau des Gefängnisses in der heutigen Form
Ab 1910	Amtsgericht; Landgerichtsgefängnis
1934–1944	Erbgesundheitsgericht
1933–1945	Nutzung als Gefängnis für politisch Verfolgte des NS-Regimes
27.4.1945	Befreiung der Gefangenen durch die Rote Armee
1945–1952	Zentrales sowjetisches Geheimdienstgefängnis für das Land Brandenburg; Verhandlungsort Sowjetischer Militärtribunale
1952–1989	Stasi-Untersuchungsgefängnis für den Bezirk Potsdam
12.1.1990	Inbetriebnahme als »Haus der Demokratie«
1990/91	Einzug der Unteren Denkmalbehörde
4.10.1995	Erhebung zur Gedenkstätte durch Beschluss der Potsdamer Stadtverordnetenversammlung
2002	Einrichtung einer Schülerprojektwerkstatt
2007	Auszug der Unteren Denkmalbehörde
Seit 2007	Einrichtung der Dauerausstellungs-Bereiche (bis 2013)
Seit 2012	Vorbereitung einer Gedenkstätten-Stiftung